Ética y Cumplimiento: Una Colección de Fórmulas

Patrick Henz

Derechos de autor © 2024 Patrick Henz. Publicado por aix-books.
Reservados todos los derechos.

ISBN: 9798321745854

DEDICACIÓN

A las matemáticas y los matemáticos.

CONTENDIO

	Introducción	7
1	El Principio del Búho	8
2	La Fórmula de Cumplimiento de Leonardo	15
3	La Fórmula de Cumplimiento de la NASA	24
4	El Cumplimiento lleva a la Sostenibilidad	31
5	Apetito de riesgo y la Formula Lauda	34

INTRODUCCIÓN

"Las matemáticas son el lenguaje en el que Dios ha escrito el universo." Una frase a menudo atribuida a Galileo Galilei. Lo más probable es que nunca lo haya dicho ni escrito. Sin embargo, definió en su libro de 1623 "Il Saggiatore" que la filosofía es parte del universo y, en consecuencia, fue escrita en el lenguaje de las matemáticas.[1]

Ética y Cumplimiento es parte de la filosofía empresarial. Esto plantea la pregunta de si también estos temas pueden formularse con fórmulas matemáticas. La respuesta es, al menos en parte, sí. Los resultados son nuevos conocimientos y conclusiones más profundas, que también son útiles para explicar a la dirección los beneficios de un sistema de Ética y Cumplimiento eficiente y eficaz.

---

[1] Galilei, Galileo (1623): "Il Saggiatore"

1 EL PRINCIPIO DEL BÚHO

Muchos departamentos y empresas de Ética y Cumplimiento utilizan la brújula como logotipo. ¿Qué tal otro enfoque? ¿Quizás el búho sería una representación apropiada?

En muchas culturas el búho es un símbolo admirado de conocimiento y sabiduría, aunque al mismo tiempo es también un cazador, un depredador.

Según la descripción del puesto, un Oficial de Ética y Cumplimiento (CE) debe ser un experto en estos temas. Una lista de subhabilidades y conocimientos necesarios puede ocupar fácilmente dos páginas. Sin embargo, este es sólo el comienzo del viaje. El responsable de la CE quiere alcanzar el siguiente nivel y convertirse en un experto de confianza para sus colegas. Para alcanzar este objetivo, no es suficiente limitarse a la Ética y el Cumplimiento, sino que es obligatorio obtener al menos una comprensión básica de todo el negocio y los procesos organizacionales. Con el conocimiento necesario, el Oficial de Cumplimiento puede subir el escalón para convertirse en un asesor confiable. Esto incluye la percepción de que el Oficial CE no sólo está calificado, sino que también tiene el carácter personal adecuado para apoyar a sus colegas. La cuestión no es sólo si el responsable de la CE puede apoyar a sus colegas, sino también si quiere hacerlo. Es tentador reducir la tarea al mero cumplimiento de las leyes y las regulaciones; sin embargo, como el negocio es sofisticado, los empleados pueden verse arrojados a escenarios difíciles, enfrentando dilemas éticos. Aquí se necesita la ayuda del Oficial de CE.

El "Efecto Pigmalión" puede apoyar una cultura corporativa positiva. Si el funcionario de EC (empleado A) trata a su colega (empleado B) con respeto, esto confirma la autoestima positiva de B de que es una persona respetuosa. Al imponer este valor, a cambio B trata a A con respeto. A ahora percibe el comportamiento respetuoso de B y concluye que B es una persona respetuosa. Se crea un ciclo. El respeto abre la oportunidad para que EC ingrese al círculo de confianza del empleado B.

Si el Oficial de CE es percibido como informado y respetuoso, B se abrirá a A, le preguntará si es necesario y, a cambio, considerará sus consejos.[2]

Se necesita visibilidad para que los empleados puedan percibir a su responsable de EC como un colega de confianza, que no sólo habla de sus temas principales, sino que vive con valores y principios como un buen ejemplo. Conviene no percibir a todos como un potencial factor de riesgo sino partir de la idea de que más del 99% de los empleados son personas buenas y honestas, que hacen diariamente su mejor esfuerzo en beneficio de la empresa. Estas personas deben ser protegidas y preparadas para que no se metan en problemas por accidente (o por un caso causado por menos del 1% de ovejas negras, que usted pueda tener). Tal comportamiento requiere autodisciplina y motivación, pero ayuda al Oficial de CE a establecerse como un asesor confiable, alineado con la sabiduría del búho. Como esto no siempre es más fácil, es necesario reflexionar de vez en cuando si aún existe la motivación. Si la respuesta

---

[2] Henz, Patrick (2019): "Tomorrow's Business Ethics – Philip K. Dick vs. W. Edwards Deming"

honesta fuera "no", se debe considerar un cambio de tareas. Lo que falta ahora es abordar también el lado depredador.

El éxito del sistema de la CE no depende principalmente de los procesos y controles sofisticados, sino del tono percibido desde arriba. Los empleados quieren ver que su dirección (desde arriba hasta el gerente directo) cumpla con los requisitos del sistema. Para ser creíble, esto incluye también cómo la gerencia, incluido el Oficial de la CE, maneja posibles desviaciones e incluso violaciones de las leyes y regulaciones. Los empleados comprenden el mensaje positivo de un sistema corporativo y esperan que las desviaciones conduzcan a consecuencias predecibles. El Oficial CE debe garantizar esto. La equidad es un valor relevante. El sistema corporativo (regulaciones y procesos) debe ser lo más fuerte posible, pero no más para evitar burocracia innecesaria. Esto último sería percibido por los empleados como una carga molesta e injusta para sus tareas diarias.

En consecuencia, el Oficial de CE debe actuar como facilitador, gracias a una evaluación de riesgos que comprende los requisitos y, si está indicado, discute con la gerencia para cambiar los procesos y controles no eficientes. De esa manera, los empleados perciben a la CE como encargada de hacer cumplir los procesos, pero también como un facilitador para actualizar dichas directrices. Gracias a su robustez (además de su inteligencia atribuida), la mitología suele presentar al búho como un guardián. Al garantizar el comportamiento adecuado de todos los empleados (en el futuro esto puede incluir también a los agentes de Inteligencia Artificial), el Oficial CE es el guardián de la organización. Sin empresa, no hay empleados; pero también, sin empleados, no hay empresa. Si es necesario, por ejemplo en el caso de un denunciante, el funcionario de la CE debe proteger al individuo contra la presión y el acoso del grupo, incluso si proviene de los niveles más altos. No comienza aquí, la Ética y el Cumplimiento tienen que ver con lo humano; en consecuencia, los funcionarios de EC deberán tener al menos un conocimiento mínimo sobre ciencias del comportamiento. Las empresas empujan a sus empleados a veces a situaciones estresantes, para las que deben estar adecuadamente preparados, incluso desde el punto de vista psicológico. Si se da todo esto, la CE alcanza el estatus de un facilitador confiable, alineado con la naturaleza depredadora del búho. Combinar ambos caminos, la sabiduría y el depredador, conduce al aprecio y al respeto.

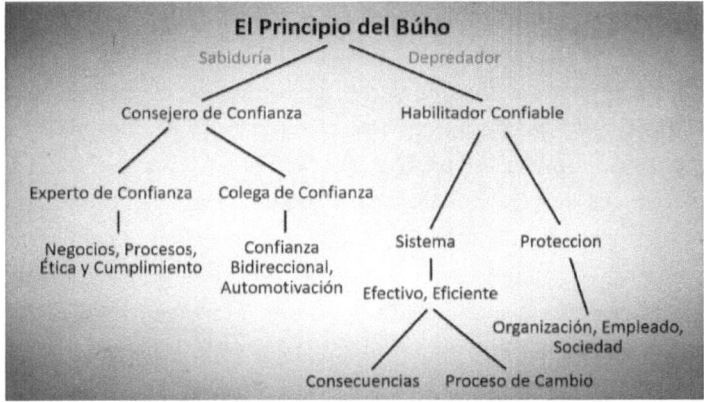

El artista renacentista Giambologna (1529 – 1608) nació originalmente en Flandes, pero ya siendo joven viajó a Roma para estudiar escultura clásica. Una de sus obras más famosas es la estatua del Coloso de los Apeninos en el Parque Pratolino Medici. Menos conocido, el mismo artista también creó una estatua de un búho de tamaño natural para el mismo parque. Antes de Giambologna, Nicolás Maquiavelo (1469-1527) trabajó como consejero de la familia Medici. Y, de hecho, el Principio del Búho se alinea con una de las famosas citas de Maquiavelo: "De ahí viene que todos los profetas armados han salido victoriosos y todos los profetas desarmados han sido destruidos".[3] (Luego reducido a lo simple: "Antes más, armaos").

Si la empresa quiere garantizar que se sigan los valores y las directrices, debe asegurarse de que las infracciones a ellos no sólo se identifiquen, sino que también se remedien. Nadie en la empresa respeta su código de conducta (sobre el que se establecen directrices, políticas y herramientas). La remediación debe ser adecuada a la desviación, no puede haber respuestas diferentes para diferentes niveles de empleados. Si la desviación lo indica, la empresa debe tomar la difícil decisión de separar al empleado de la empresa, incluso si esto significa una pérdida de conocimientos importantes y del cumplimiento de las difíciles leyes laborales locales. Sólo así podrá ganarse el respeto de los empleados. En una empresa, el tono desde arriba, las herramientas y directrices implementadas sólo pueden ser un punto de partida para cada empleado, ya que cada uno debe decidir por sí mismo si puede aceptar o no los requisitos de la empresa. De lo contrario, el empleado debe tomar la medida proactiva de abandonar la organización. Si la persona no puede o no quiere dar este paso, existe el riesgo de que eventualmente cometa violaciones de los valores y directrices de la empresa. Como cada persona es diferente, incluyendo diferentes valores y actitudes personales, es imposible eliminar el riesgo de tener una persona así dentro de la empresa. A la empresa le conviene identificarlos, para protegerse a sí misma, pero también a todos los demás empleados.

---

[3] Machiavelli, Niccolò (ca'. 1543): "The Prince"

Armado no se limita a la fuerza física sino que se aplica también a las discusiones. Maquiavelo se alinea con el Principio del Búho, especialmente las partes "experto confiable" y "facilitador confiable".

Escribió además: "...cuando dependen de sus propios recursos y pueden emplear la fuerza, rara vez fracasan". Un departamento de ética, cumplimiento o auditoría interna debe ser independiente, contar con el personal y la financiación adecuados para garantizar una combinación eficiente de sabiduría y depredador.

Además de El Príncipe de Maquiavelo, el Principio del Búho también se alinea con conceptos más nuevos, como "El Triángulo de la Confianza" de Frances Frei y Anne Morriss. Aquí ambos autores definen la confianza con los términos "lógica", "autenticidad" y "empatía". La lógica se relaciona con el lado depredador, el Oficial de CE es un facilitador confiable y resolverá el problema identificado o responderá mis preguntas. La autenticidad y la empatía se relacionan con el lado de la sabiduría. El empleado percibe al Oficial de Cumplimiento como un ser humano real, que comprende y se preocupa por los demás humanos.

La robótica es otro tema que se remonta al Renacimiento italiano, ya que fue uno de los temas en los que trabajó el genio universal Leonardo da Vinci. En su Codex Atlanticus describió una tarjeta autopropulsada.[4] Un vehículo pequeño propulsado (1480) por dos resortes simétricos. Este tenía una dirección reprogramable y podría haberse utilizado, por ejemplo, en el escenario de un teatro. Más tarde, en 1495,

---

[4] Da Vinci, Leonardo (ca. 1478 – 1519): "Codex Atlanticus"

presentó una máquina aún más sofisticada: el primer robot. Al igual que las modernizaciones actuales, Leonardo equipó una armadura medieval con un mecanismo que permitía al caballero mecánico ponerse de pie, sentarse, levantar la visera e incluso maniobrar sus brazos de forma independiente.

Los desarrollos técnicos actuales, como la automatización robótica de procesos, liberan al responsable de ética y cumplimiento de trabajos rutinarios como exportar datos y crear muestras e informes, mientras que la inteligencia artificial es superior en la identificación de patrones sospechosos en los pagos. Como consecuencia, el Oficial de CE puede aprovechar la oportunidad para tener más tiempo cara a cara con los empleados y otras partes interesadas. Un número limitado de habilidades expertas perciben una devaluación, pero habilidades generales como la empatía, la creatividad y el ingenio se vuelven más importantes. Un regreso del ser humano renacentista, combinando las artes con la ciencia.

Es importante destacar que un aspecto del Principio del Búho difiere del de Maquiavelo. Una vez preguntado si es mejor ser amado o temido, respondió que ambos son importantes, pero difíciles de combinar. Si se trata de algo, lo temido es más importante.[5] El búho no se va tanto a los extremos, ya que su objetivo es combinar sabiduría con respeto. Ambos conceptos son compatibles, pero el equilibrio ideal debería apuntar más hacia la sabiduría, ya que el foco de un sistema eficiente de la CE debería estar en la prevención.

---

[5] Machiavelli, Niccolò (ca. 1543): "The Prince"

2 LA FÓRMULA DE CUMPLIMIENTO DE LEONARDO

En coche, la pequeña ciudad de Vinci se encuentra a unos 41 kilómetros de Florencia. Hoy viven aquí unos 14.300 ciudadanos. Hace más de 500 años, Leonardo nació cerca de este lugar y según la tradición, recibió su nombre "Leonardo di ser Piero da Vinci". Como genio universal, artista talentoso y curioso en todos los aspectos, se convirtió en el ideal de la época del Renacimiento.

En su famoso "Hombre de Vitruvio", representó de manera realista a un hombre desde diferentes ángulos. Leonardo no sólo entendió el exterior, sino también la psicología humana, como cita su frase "Es más fácil resistir al principio que al final". confirma. El comienzo de una posible desviación de Cumplimiento es el mejor momento para comunicarse con su Oficial de Ética y Cumplimiento. El empleado considera esto, mientras que la decisión depende de los beneficios y costos percibidos por hacerlo.

Como Leonardo era un hombre de ciencia, podemos convertir su idea en una fórmula, empezando por algunas definiciones básicas:

r) Estimated Compliance risk: The estimated negative impact for the company and society. (Empathy and involvement into society leads to a higher estimated Compliance risk.)

b) Riesgo de Cumplimiento estimado: El impacto negativo estimado para la empresa y la sociedad. (La empatía y la implicación en la sociedad conducen a un mayor riesgo de cumplimiento estimado).

c) Costo de Información: El costo estimado para contactar al Oficial de Cumplimiento y/o involucrarlo. Esto incluye también un impacto negativo o positivo estimado para el empleado, por ejemplo, una posible acción disciplinaria o una recompensa prevista para el denunciante. En el último caso, el costo se convertiría en beneficio.

Las variables definidas las podemos incluir en la "**Fórmula de Cumplimiento Leonardo**", donde distinguimos dos casos:

$$(1/r) > b - c$$

Al tomar conciencia de un potencial riesgo de Compliance, el empleado estima qué impacto podría causar en la empresa, en la sociedad y en él mismo. Si el individuo recibió una formación adecuada en Compliance, esta suposición se califica. Sin embargo, no es un experto en el tema, por lo que la estimación puede ser acertada o también errónea. Para la empresa, la mejor solución sería que el empleado se pusiera en contacto con su Compliance Officer. Si el individuo haría esto, depende de cómo el empleado anticipa el beneficio y de cuán costosas son la información y las decisiones de Cumplimiento relevantes. Si se supone que 1/"riesgo estimado" es mayor que el beneficio anticipado menos los costos para recibir esta información, el empleado no intentará comunicarse con Cumplimiento. Como la estimación del riesgo puede ser incorrecta, esto puede llevar a un problema de Cumplimiento; riesgo relevante para la empresa.

En el segundo escenario tenemos el caso contrario:

$$(1/r) < b - c$$

Si beneficio menos costos es superior a 1/"riesgo estimado"; intervendrá el departamento de Cumplimiento. En este escenario, las preferencias del empleado y del empleador están alineadas. Para alcanzar este estatus, las empresas pueden trabajar con las tres variables:

- Fomentar el conocimiento de Compliance de los empleados, para que sean capaces de juzgar correctamente los riesgos potenciales. Por ejemplo, con una formación adecuada (formación básica para todos, más talleres personalizados en función de los distintos perfiles laborales).
- Establecer al Oficial de Cumplimiento como un asesor y facilitador confiable, que pueda ofrecer información relevante y actuar de manera eficiente. Esto maximiza el beneficio previsto de la participación en Cumplimiento.
- Reducir el coste de la información. El cumplimiento debe estar cerca del negocio y ser de fácil acceso.

Ética y Cumplimiento: Una Colección de Fórmulas

Además, se puede implementar un premio por comportamiento positivo para denunciantes. Si es posible, herramientas como teléfonos inteligentes y aplicaciones pueden garantizar la disponibilidad de la comunicación las 24 horas y los 7 días de la semana. Se puede llegar a este último con un Wiki de Cumplimiento interno más un chatbot conectado para responder preguntas frecuentes y ayudar a encontrar las respuestas adecuadas dentro del Wiki.

- Conectar Cumplimiento con los valores empresariales y personales. Según la "teoría de la disonancia cognitiva" de Leon Festinger, una posible mala acción genera presión dentro del empleado, ya que las (potenciales) acciones no serían compatibles con sus propias actitudes y valores.[6] Reducir las presiones psicológicas sería otro beneficio de la participación en Cumplimiento.
- Conectar Cumplimiento con la estrategia de sostenibilidad de la empresa, para fomentar que los empleados comprendan la interacción entre corrupción y macroeconomía.

Tal como predice Leonardo, cuanto más se camina por el camino equivocado, más difícil resulta resistirse a futuras malas acciones, ya que con el paso del tiempo también aumenta el coste de la información. Esto incluye que el empleado debe admitir su fracaso personal (similar a "perder la cara" en varias culturas) y debe asumir en paralelo que el comportamiento correcto (reportar las malas acciones y regresar al camino correcto) irá acompañado de una sanción disciplinaria..

---

[6] Festinger, Leon (1957): "A Theory of Cognitive Dissonance"

Ética y Cumplimiento: Una Colección de Fórmulas

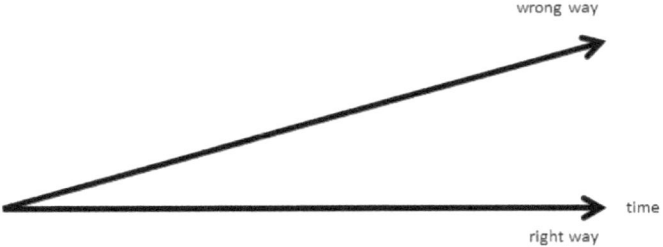

La percepción es importante. El empleado debe comprender que va por el camino equivocado. En muchos casos esto no es así desde el principio. El empleado se percibe a sí mismo como en el camino correcto, pero luego, más o menos repentinamente, comprende que no es así. De este modo la percepción puede estar en cualquier punto intermedio entre el blanco y el negro absoluto. A través de los ojos del empleado, él/ella puede estar en cualquier camino imaginable dentro o por encima del camino correcto, incluso por encima del camino equivocado.

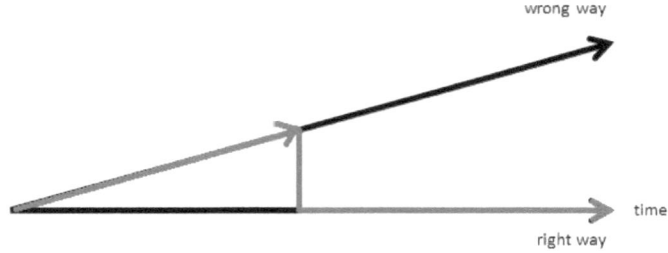

Una vez más, los talleres de Compliance ayudan a los empleados no sólo a mantenerse en el camino correcto, sino también, si lo han abandonado, a reconocerlo lo antes posible. Para alcanzar este objetivo, un taller no puede limitarse a la pura enseñanza de información, sino que debe incluir discusiones de casos de la vida real y escenarios de estrés psicológico, responsables del fenómeno ético de la ceguera.[7]

Según Leonardo, es más fácil resistirse a una mala acción futura (=seguir caminando por el camino equivocado), si todavía estás al principio, en el momento de tomar una decisión o poco después. Esto se debe a que cuanto más tiempo estés en el camino equivocado, mayor será la brecha y más difícil saltar del camino equivocado al correcto. Es decir, si desea volver al camino correcto, debe comunicarse con su Oficial de Cumplimiento y a) comprometerse con usted mismo y b) con la empresa. La mayoría de las organizaciones tienen una serie de sanciones disciplinarias, que van desde nada, si es plausible que la desviación haya sido un puro accidente, hasta el despido del empleado de la empresa, si se trata de un caso grave. El costo de la información aumenta con el tiempo. La aplicación de una indemnización por denuncia de irregularidades puede generar costes negativos, especialmente si la desviación fue provocada por varios empleados. En este escenario, el denunciante sería entendido como informante (similar a los casos de cárteles).

Basándonos en Leonardo, ampliamos la fórmula e incluimos "g = brecha" en nuestro cálculo:

$$(1/r) < b - c - g$$

La brecha incluye:

v) Responsabilidad propia percibida por las malas acciones.

s) Gravedad percibida de la decisión equivocada (el grado angular entre ambos caminos).

---

[7] Palazzo, Guido / Krings, Franciska / Hoffrage, Ulrich (2012): "Ethical Blindness"

t) Tiempo.

$$(1/r) < b - c - (v * s * t)$$

Según las matemáticas, si cualquiera de estos valores (v,s,t) se convirtiera en 0, g se convertiría en 0:

v=0 : El empleado no percibe responsabilidad por la desviación, "fue un accidente".

s=0 : El empleado no percibe un impacto negativo en la empresa, incluyendo la cultura y los valores de la empresa u otras partes interesadas. Un riesgo de cumplimiento relevante puede no percibirse como grave si el empleado percibe que la ley y la ética están separadas.

t=0 : El empleado todavía está en el proceso de toma de decisiones.

Si 1/"riesgo de cumplimiento anticipado" es menor que el beneficio de una posible participación en el cumplimiento, menos los costos de información y la brecha, lo más probable es que el empleado continúe por el camino equivocado sin hacer transparente la situación, ya que es más fácil dar en la tentación de seguir el camino equivocado que resistirlo y volver al correcto.

El Oficial de Cumplimiento puede trabajar con estos temas:

- Responsabilidad: Los talleres pueden discutir la responsabilidad de los empleados, especialmente en lo que respecta a aprobaciones y firmas. La responsabilidad no se limita a la empresa, sino que también incluye a la sociedad.
- Severidad: Una buena formación en Compliance no se limita a leyes y regulaciones, sino que explica lo

que hay detrás, como el costo de la corrupción (para la empresa y la sociedad). Con base en sus valores personales, los empleados pueden percibir una culpa personal mayor que la que los riesgos de Compliance exponen a la empresa.

Como el flujo de tiempo todavía no es un valor modificable, debería ser lo más fácil posible contactar al Oficial de Cumplimiento, incluyendo canales de comunicación, distancia y actitud.

Esta fórmula no pretende ser una ecuación matemática, pero debería explicar la relación en la que los factores individuales se encuentran entre sí. Con este entendimiento, la fórmula funciona como inspiración para actualizar el sistema de Cumplimiento existente.

3 LA FÓRMULA DE CUMPLIMIENTO DE LA NASA

El idioma inglés difiere entre las palabras "responsibility" y "accountabiliy." Las dos palabras son conceptos similares, que a menudo no están claramente divididos. Las lenguas romanas ni siquiera conocen una palabra separada para "rendición de cuentas", sino que la traducen directamente con "responsibilidad" (español), "responsibilidade" (portugués) o "responsabilità" (italiano). La mejor traducción es "rendición de cuentas", pero también esta cambia ligeramente el concepto original. Senn Delaney Leadership Consulting explica ambas palabras: "Responsibility" pertenece a las tareas identificadas, "Accountability" es una mentalidad de empoderamiento propio. [8] Para superar este dilema, inventamos para este texto la palabra "Accountabilidad".

¿Qué puede ser más inspirador que una visita al Centro Espacial Kennedy en Florida? Puede ver las clásicas naves espaciales que transportaron a los valientes hombres y mujeres a la luna y al espacio, escuchar las historias de astronautas reales e incluso sentir las fuerzas de gravedad de un transbordador espacial. Una fórmula desarrollada por la NASA (National Aeronautics and Space Administration) para analizar la rendición de cuentas puede incluso respaldar

[8] Senn Delaney Leadership Consulting (2011): "The Human Operating System"

e inspirar los sistemas corporativos de Ética y Cumplimiento.

En el Foro de Maestros de la NASA de 2009, la agencia espacial anticipó el próximo retiro de su transbordador espacial (el último despegue había sido el 8 de julio de 2011 por el Atlantis. Hoy será visitado en el Centro Espacial Kennedy en Cocoa Beach, Florida). La agencia dedicó el evento al intercambio de experiencias y lecciones aprendidas del desarrollo y operación del programa Space Shuttle. El ex astronauta y último responsable de la seguridad y el aseguramiento de la misión, Bryan O'Connor, aprovechó su horario en el evento para discutir la seguridad. Presentó la fórmula:

Accountabilidad = Responsabilidad x Autoridad x Capacidad

Para todas las empresas y otras organizaciones, la seguridad de los clientes, los empleados y también de todas las demás partes interesadas debe ser la prioridad número uno. Los programas corporativos de EHS (Medio Ambiente, Salud y Seguridad) tienen una visión similar a la de los sistemas de Ética y Cumplimiento, la atención se centra en la prevención, para proteger a los empleados, la organización y la sociedad. Para ello, una fórmula que defina la accountabilidad en materia de seguridad debería ser capaz de hacer lo mismo en materia de Cumplimiento.

Volviendo a la fórmula, O'Connor dio estas definiciones adicionales:

- "Responsabilidad: Todos la tienen, sin excepciones
- Autoridad: Por política: el liderazgo tiene más

que los trabajadores, pero incluso los más bajos tienen la autoridad para hablar sobre un peligro.
- Capacidad: Por recursos asignados, calificaciones, experiencia, etc."[9]

Estas explicaciones (especialmente las relacionadas con la autoridad y la capacidad) subrayan que la accountability está relacionada con los individuos y no puede delegarse en un colega.

Utilizando esta fórmula de Cumplimiento, la primera variable **"responsabilidad"** queda clara. El Código de Conducta (CoC) de las empresas incluye que la organización cumple con todas las leyes aplicables y, además, tiene tolerancia cero con la corrupción. Los empleados reconocen el CoC en el momento en que son contratados. Muchas organizaciones incluso les permiten volver a reconocer este importante documento periódicamente cada dos o tres años. Como conclusión, una función de Ética y Cumplimiento no es la única responsable del Cumplimiento, sino el experto, el facilitador para apoyar a los empleados a cumplir con su responsabilidad. Matemáticamente hablando para todos los empleados es válido que "responsabilidad = 1" (definiendo que las variables utilizadas pueden ir de 0 a 1).

Las empresas definen los distintos niveles de **autoridad** dentro de sus directrices internas, incluida una matriz de aprobación, donde los empleados entienden para qué tipo de decisiones su nivel de autoridad está autorizado y para cuáles deben involucrar a niveles gerenciales superiores. Como esta definición debe ser ampliamente conocida, la matriz debe comunicarse adecuadamente, por ejemplo dentro de la

---

[9] O'Connor, Bryan (2009): "Accountability vs. Responsibility"

intranet corporativa.

Los Oficiales de Cumplimiento deben disfrutar de un cierto nivel de independencia, lo que les garantiza un alto nivel de autoridad en materia de Cumplimiento. Sin embargo, son empleados, por lo que pueden ser anulados por el CEO global u otras partes interesadas internas y externas. Si este fuera el caso en temas relevantes, el Oficial de Cumplimiento debe decidir con base en sus valores personales si quedarse o irse. Además, se debe entender la responsabilidad personal definida por las leyes anticorrupción locales. Para la fórmula es relevante que la empresa no tenga empleados con autoridad cero. Los empleados de un solo nivel básico pueden tener poca autoridad, pero a través del empoderamiento están autorizados para realizar sus tareas. Debido al sistema de Cumplimiento implementado, cada empleado está autorizado (incluso obligado) a hablar sobre ética y cumplimiento, incluidas inquietudes e infracciones, si existen. Así como la autoridad para el Cumplimiento nunca puede ser cero, tampoco la fórmula de accountability completa puede ser cero (al menos si otras variables no son iguales a cero).

Para garantizar la capacidad de Cumplimiento, las empresas están obligadas a realizar una formación adecuada en materia de Cumplimiento, además de implementar y gestionar un sistema eficiente que incluya procesos, directrices y herramientas. W. Edwards Deming definió la empresa como un sistema holístico, conectado también con sus partes interesadas externas.[10] El cumplimiento es un subsistema relevante, como conclusión debe ser transparente y eficiente. Según Deming, los empleados son la parte clave del sistema.

---

[10] Deming, W. Edwards (1986): "Out of the Crisis"

El Oficial de Cumplimiento deberá incluir su personalidad para interpretar la función. Esto para garantizar la credibilidad y ser percibido por los colegas como un asesor confiable. Como Deming entendió la psicología como uno de los cuatro pilares de su "Sistema de Conocimiento Profundo", no sorprende que diferentes gobiernos definieran las ciencias del comportamiento como relevantes para el diseño de políticas públicas, o como lo dijo el propio Deming: "Un mal sistema vence a una buena persona cada vez".

Para el departamento de Cumplimiento es imperativo garantizar la transparencia del sistema, incluido su propio subsistema. Las directrices y la documentación relevante deben ser fácilmente accesibles y ser consideradas en el idioma local. Lo mismo se aplica a una forma fácil de usar y confidencial de denunciar posibles irregularidades; la opción estándar es una línea directa anónima para denunciantes, operada por un tercero independiente. Estas tareas de Cumplimiento están relacionadas con el Gobierno corporativo, de modo que las nuevas filosofías empresariales combinan directamente Gobierno, Riesgo y Cumplimiento para crear una función laboral holística.

La capacitación, los talleres y las herramientas sobre cumplimiento permiten a los empleados cumplir con las leyes y regulaciones y, si es necesario, hablar. Debido a esto, la "**capacidad**" tampoco puede ser cero, idealmente debería ser superior a 0,5. El cumplimiento como facilitador de su propio tema es responsable de empoderar a los empleados y fomentar sus capacidades. Como Deming definió la empresa como un sistema interconectado con partes interesadas externas, el cumplimiento no se limita a las funciones internas. Con acciones colectivas, varias empresas pueden actuar conjuntamente para infundir justicia y transparencia en el mercado y/o la región. Para una empresa, la corrupción (como parte de la falta de seguridad jurídica) es un factor de costo adicional similar a los impuestos. En un entorno así, las tareas de los empleados no se limitan sólo a elaborar las mejores soluciones técnicas y encontrar un precio adecuado, sino también a lidiar con la burocracia local y cómo rechazar adecuadamente los sobornos. Estos costos están incluidos en el proceso de toma de decisiones en qué países una empresa quiere expandirse e invertir. Los mercados eficientes, no interferidos por la corrupción, reciben mayores cantidades de inversiones.[11] Con acciones colectivas el subsistema de Cumplimiento se interconecta directamente con el subsistema de Ventas. Esto para evolucionar las visiones de gestión, donde la maximización de los valores a corto plazo pasa a ser una prioridad menor, en cambio las organizaciones aceptan asumir una mayor responsabilidad para con la sociedad. Hacer lo correcto requiere el cumplimiento de directrices internas y leyes externas, por lo que diversas filosofías empresariales quieren incluir las funciones de Cumplimiento en un departamento de Ética y Sostenibilidad.

O'Connor mencionó explícitamente las calificaciones y la experiencia como parte de la capacidad. Esto puede ayudar a Cumplimiento a crear KPI internos. Por ejemplo, los empleados pueden recibir 0,1 puntos por participar en la formación básica. 0,1 puntos por cada formación adicional o también 0,1 puntos si el individuo tiene acceso a herramientas y directrices en el idioma local. Por ejemplo, se podrán añadir otros 0,2 puntos si hay disponible una línea directa de denuncia de irregularidades anónima. Además, durante cierta cantidad de años, se pueden agregar puntos de

---

[11] Mauro, Paolo (1997): "Why Worry About Corruption?"

experiencia. El máximo sería 1,0 para "capacidad", mientras que faltar al taller habitual puede restar puntos. El cumplimiento tiene un mensaje fácil de entender: "tolerancia cero a la corrupción", sin embargo, un comportamiento adecuado puede resultar difícil dependiendo de factores de estrés internos y externos. Para ello, las capacidades se relacionan con capacidades internas (habilidades aprendidas) y externas (accesibilidad de herramientas), pero también con factores de riesgo (presiones y tentaciones).

Los recursos mencionados por O'Connor son otra inspiración para el Cumplimiento. Agregarlos a los empleados no siempre requiere un presupuesto más alto. Los empleados pueden recibir el rol adicional de Campeón de Cumplimiento, lo que significa que recibieron capacitación especial para apoyar a sus colegas locales, especialmente si no hay un Oficial de Cumplimiento en el sitio. Los empleados tienen entonces la opción de si, para una pregunta o discusión, quieren ponerse en contacto con el responsable o el defensor local. Las tecnologías modernas ofrecen opciones gratuitas o de bajo costo para crear un Wiki de Cumplimiento interno o incluso implementar un chatbot.

Si revisamos la Fórmula de Cumplimiento, entendemos que cada empleado tiene que sentirse con accountabilidad para Cumplimiento, no hay excusa:

Accountabilidad = Responsabilidad x Autoridad x Capacidad

Accountabilidad = 1 x (>0) x (>0)

Accountabilidad > 0 → **"Todos tenemos que sentir accountabilidad para Cumplimiento"**

4 EL CUMPLIMIENTO LLEVA A LA SOSTENIBILIDAD

Una empresa necesita la voluntad de lograr su visión. Para ello todos los empleados tienen que caminar en la misma dirección para lograr este objetivo. El cumplimiento garantiza que la visión de la empresa se viva y se respete; es la voluntad de crear grandes cosas juntos.

Valores + Estrategia + Cumplimiento = Sostenibilidad

Esto es válido en un entorno teórico, donde tenemos información completa. En realidad, nuestra información es incompleta, en la vida privada y empresarial siempre se pueden esperar sorpresas. Para ello debemos estar preparados para los que no están preparados. Nuestra estrategia debe ser capaz de afrontar oportunidades imprevistas. Lo mismo es válido para un programa de ética y cumplimiento, ya que los procesos, directrices y herramientas de TI deben brindar al empleado flexibilidad para responder a las oportunidades repentinas del mercado. Esto para evitar la tentación de que los empleados intenten eludir dichos procesos internos. Además, una tarea importante de la empresa es preparar a sus empleados para este tipo de situaciones. Varias presiones trabajan juntas:

- La mayoría de los empleados (como departamento de ventas) tienen objetivos anuales ambiciosos. Una oportunidad que aparece sorprendentemente a menudo parece ser la única posibilidad de alcanzarlos.

- La gente supone que estas oportunidades podrían desaparecer tan rápido como aparecieron. Ante estas oportunidades repentinas, la gente tiende a actuar con rapidez y a pasar por alto el proceso normal de toma de decisiones.
- Dependiendo del carácter de una persona, los empleados sobreestiman su posibilidad de controlar una situación. Esto es especialmente cierto para los "buscadores de éxito", que tienden a sobreestimar sus propias capacidades y subestimar los riesgos de la situación. Para quienes "evitan el fracaso" es al revés. Gracias a la autoselección, el primer grupo de personas intentará conseguir tareas más arriesgadas con el objetivo de demostrar su valía y avanzar más rápido en su carrera, se postularán para puestos en ventas o se convertirán en pilotos de carreras. En proyectos nuevos y repentinos ven la oportunidad, pero no el riesgo.

El cumplimiento debe ser consciente de estos efectos psicológicos, que pueden conducir a una ceguera ética. Se pueden implementar contramedidas, como capacitaciones y talleres, pero también se requiere una posición sólida del Oficial de Cumplimiento, que debe ser un asesor comercial confiable. Los elefantes blancos son un gran riesgo. Una empresa puede calcular erróneamente los riesgos comerciales, ya que los costos son más altos de lo esperado, la experiencia y los productos de la empresa no son adecuados o el proyecto potencialmente atractivo se ganó mediante soborno. Esto nos lleva a una fórmula actualizada:

Valores (fijos) + Estrategia (flexibles) + Cumplimiento (flexibles) = Sostenibilidad

Para ofrecer la flexibilidad necesaria y con este valor para el negocio, Compliance no puede limitarse a aprobar o no aprobar, pero si algo no es posible hay que analizar si se puede llegar al mismo resultado por otra vía. La mayoría de los empleados no quieren hacer algo prohibido, pero quizás no eran conscientes de los riesgos y de las normas específicas. Aquí las tareas de Cumplimiento son adaptar la acción relacionada, para que cumpla con todas las leyes y regulaciones. Un buen ejemplo es la mezcla entre GPS y red social: "Waze". Esta App, disponible para Android y iPhone, indica al usuario el camino más rápido para ir del punto A al B, no siempre es el camino más corto, pero también influye el tráfico e incluso los controles policiales, las obras o los accidentes. Al igual que la aplicación, el Oficial de Cumplimiento guía el camino a través del territorio desconocido y mantiene al empleado en los caminos legales; realidades jurídicas cambiantes en el radar.

5 APETITO DE RIESGO Y LA FÓRMULA LAUDA

La ejecución de la evaluación de riesgos (las oportunidades se incluyen como riesgos negativos) es función de una función interna, pero la decisión de aceptar, reducir, evitar o transferir los riesgos depende de la dirección, alineada con el "apetito de riesgo" de la empresa. porque esto último depende de la filosofía de la empresa, como su comprensión de la sostenibilidad y el valor a largo plazo; sino también su posición real dentro de la corporación.

Al igual que en los deportes de motor, adelantar a un competidor significa asumir un riesgo, ya que significa hacer algo diferente, por ejemplo frenar más tarde. Los adelantamientos no sólo se realizan en la pista, sino también en boxes, utilizando diferentes estrategias y/o cambiando la puesta a punto. Interpretado para negocios: revolucionar el mercado con nuevos productos y soluciones. Un riesgo calculado basado en las opiniones de los empleados clave, la investigación y el desarrollo de mercado. Datos que luego serán clasificados como "información restringida". Este es un desafío para la función de Gobernanza global y local, ya que la función no se limita a garantizar la ejecución adecuada de los procesos globales y locales, sino también a garantizar, junto con los propietarios de las directrices, que estos procesos estén alineados con los objetivos de negocio identificados. riesgos y apetito. El primero puede ser cuantitativo o cualitativo definido dentro de la evaluación de riesgos, el segundo es más difícil, ya que en el nivel de alta dirección, los empleados sólo tienen acceso limitado ("principio de necesidad de saber") a información restringida y, debido a esto, no pueden rastrear decisiones y evaluaciones de gestión. Como consecuencia de la desconexión, las directrices pueden ser demasiado restrictivas y burocráticas o, por el contrario, no lo suficientemente estrictas y no abordar adecuadamente los riesgos identificados. Si los riesgos son bajos, deberían ser menos burocráticos para no influir negativamente en la motivación del empleado.

Aún más, los empleados que desconocen el apetito de riesgo de la empresa o los resultados de la evaluación de riesgos pueden malinterpretar el propósito de las regulaciones y verse tentados a ignorarlas o violarlas activamente. La integración exitosa de la Generación Y ("Y" pronunciado "por qué") y Z en la fuerza laboral requiere alinear el trabajo con los valores personales. La comunicación interna debe aclarar estas relaciones, incluso explicar la filosofía de la empresa, subrayar el concepto de sostenibilidad y el apetito por el riesgo. Esto no sólo a nivel global, sino también derivando esto a decisiones y acciones regionales concretas. Las conexiones internas eficientes permiten un adecuado flujo de información. La tecnología moderna, como por ejemplo las redes sociales internas, los wikis, los chatbots o los microaprendizajes, pueden ayudar a superar las barreras geográficas, incluso en ubicaciones pequeñas y remotas. Cuanto mejor se comprendan los requisitos, más precisos podrán actuar los empleados.

Ética y Cumplimiento: Una Colección de Fórmulas

Le preguntaron al campeón de Fórmula Uno, Alain Prost, qué había fallado en McLaren cuando conducía junto con Ayrton Senna en el mismo equipo, ¿por qué la atmósfera se volvió tóxica hasta el punto de que los pilotos chocaron con otros? Su respuesta fue que el problema se debía a la falta de transparencia de la gestión. Los conductores no estaban al tanto de la política real dentro del equipo ni de qué temas eran relevantes para el liderazgo. Las consecuencias fueron la pérdida de confianza mutua y violaciones de las normas internas.[12]

En 1976, el circuito alemán de Nürburgring (terminado en 1927, también conocido como el "infierno verde") ya no estaba actualizado y parecía una reliquia de otra época. Especialmente los estándares de seguridad que no se han desarrollado con el progreso de los coches modernos de Fórmula Uno.

El apodo del piloto austriaco de Ferrari Niki Lauda era "La Computadora",[13] ya que era conocido por su habilidad sin emociones para analizar una situación determinada y encontrar la puesta a punto perfecta para el coche. Además, tenía una filosofía simple: "Acepto que cada vez que me subo a mi auto hay un 20% de posibilidades de morir". Más tarde aclaró que esto no era un cálculo estadístico, sino una declaración general.[14]

---

[12] Wolff, Toto (2018): "Beyond the Grid"

[13] Fearnley, Paul (2016): "Lauda's comeback"

[14] Barnes, Hannah (2013): "Lauda, Hunt and Rush: How deadly was 1970s Formula 1?"

Ética y Cumplimiento: Una Colección de Fórmulas

Las fuertes lluvias determinaron las condiciones meteorológicas para la carrera de Nürburgring del 76. Teniendo en cuenta su apetito por el riesgo, no fue una sorpresa que en la reunión de pilotos Lauda fuera el más firme partidario de cancelar la carrera. Sin embargo, la propuesta fue rechazada, demasiado fuertes habían sido las presiones de los organizadores y patrocinadores, y las tentaciones de ganar puntos, dinero y gloria. Incluso Lauda ignoró su propia filosofía y aceptó un riesgo subjetivamente superior al 20%. El resultado fue su conocido y trágico accidente de incendio, que casi termina en muerte y que debería marcarlo para el resto de su vida. Aunque regresó a las carreras en un tiempo récord, perdió el campeonato ante su rival James Hunt.

Saber que el piloto argentino Carlos Reutemann había sido contratado para reemplazarlo y ver a Hunt en la televisión ganar en Holanda se convirtió en una fuerte motivación para que Lauda regresara a la cabina solo seis semanas después de su accidente. Incluso si ese fin de semana en particular lo percibieran como una computadora, no lo era. La primera vez que subió a su Ferrari2 estaba nervioso, como recordaría más tarde: "Me sentí inseguro y reaccioné de forma exagerada". Gracias a su fuerte carácter identificó el problema interno y concluyó: "No te esfuerces tanto, tómatelo con calma, conduce más despacio. Y eso es lo que hice". Comenzó la carrera del domingo desde la quinta posición, pero luego cayó al mediocampo porque no podía mantener la velocidad. Sólo en el medio tiempo recuperó sus capacidades normales y con dos tiempos de vuelta más rápidos aún pudo alcanzar la cuarta posición. Su compañero Clay Regazzoni hizo el segundo. Desde el punto de vista de Lauda, el equipo debería haberle pedido que redujera el ritmo para que Lauda terminara en la tercera posición. Esto habría decidido el campeonato a favor del austriaco.[15]

La última carrera en Fuji, Japón, comenzó bajo una lluvia torrencial. El fin de semana de carrera se produjo un animado debate en la reunión de pilotos sobre si, dadas las condiciones meteorológicas, la carrera debería celebrarse el domingo o no. Al final el resultado fue el mismo que a principios de ese año en Nürburgring, la carrera comenzó según lo previsto. Lauda volvió a empezar, pero sólo durante unas pocas vueltas, luego volvió a su box y salió del coche, ya que, según su filosofía personal, la fuerte lluvia hacía que conducir fuera demasiado peligroso. Siguió la carrera hasta el final y vio a su rival quedar tercero, adelantándole en la clasificación general y ganando el campeonato del mundo del 76: Hunt 69 puntos / Lauda 68 puntos. Sólo un punto le impidió defender su título. Tomando los resultados de cada carrera, excluyendo el resultado del Gran Premio de Alemania, Lauda obtiene una media de 4,8 puntos por carrera. En conclusión, si hubiera cumplido con su fórmula del 20% y se hubiera saltado su participación en Nürburgring, como hizo más tarde en Japón, no sólo habría evitado el terrible accidente, sino que habría ganado con toda justicia el campeonato.

Un ejemplo relevante de cómo deberían funcionar las directrices y procesos internos. Adaptados al apetito de riesgo de las organizaciones, definen el espacio seguro donde los empleados pueden actuar trazando una línea roja visible. Sobrepasar la línea (violar la directriz) significa que los empleados corren un riesgo mayor del que la dirección está

[15] Fearnley, Paul (2016): "Lauda's comeback"

dispuesta a aceptar. Esto puede significar ganar una sola carrera, pero lo más probable es que también ponga en peligro la sostenibilidad y pierda el campeonato.

Diferentes estrategias de riesgo son evitarlos, reducirlos o aceptarlos. Hacer negocios siempre implica aceptar riesgos, todos los participantes deben tener esto claro. Es decisión de la dirección cuántos riesgos desea asumir. Hay que ser consciente de ellos, para poder gestionarlos. Por supuesto, cada actor es responsable de reducirlos lo más posible. Compliance es responsable de gestionar sus propios riesgos, esto incluye la protección contra los empleados renegados, que están planeando un fraude para su enriquecimiento personal, pero también proteger a los empleados contra ellos mismos, que quieren lo mejor para la empresa y quedan atrapados en una ceguera ética o al menos en una con respecto a la visión de túnel limitada. Las directrices y herramientas deben apoyar que la empresa sólo asuma los riesgos acordados. Eludir dichas políticas significa que la empresa asume mayores riesgos, como se acordó originalmente. Para una empresa, ignorar sus propias reglas de conducta puede significar desviaciones contra la seguridad y salud y el cumplimiento, aceptar altos riesgos financieros o ignorar las necesidades de los empleados. Como ocurrió con el accidente de Lauda, tal desviación puede poner en peligro la salud de la empresa hasta su quiebra, llegando a la quiebra.

Los empleados deben ser conscientes de que la violación continua de las directrices puede dar lugar a acciones disciplinarias y otras consecuencias negativas para su carrera personal. Esto porque las organizaciones quieren aislar las piezas que no encajan para protegerse, una experiencia también para Lauda, ya que el accidente de 1976 fue el principio del fin de su buena relación con Enzo Ferrari, ya que, según su opinión, Lauda regresó demasiado pronto. en la cabina y con esto puso en peligro la victoria del campeonato por equipos. Incluso con el accidente de Lauda, el equipo ganó el campeonato y la próxima temporada debería ver el segundo título de campeonato mundial de Lauda, incluido nuevamente el título de constructores para el equipo. Sin embargo, dejó la Scuderia a finales del 77 para empezar la siguiente temporada con el Brabham Alfa Romeo. En la realidad empresarial actual, un empleado que se desvió deliberadamente de las directrices internas o de las leyes externas probablemente se enfrentaría a una situación similar, ya que para la dirección general la sostenibilidad de la empresa es más importante que la de un solo empleado o incluso un pequeño grupo. Aunque percibieran que lo habían hecho por el bien de la empresa, la empresa se volvería contra estos empleados renegados. Un comportamiento requerido por una organización para protegerse.

SOBRE EL AUTOR

Patrick Henz inició su carrera en la Oficina de Información Corporativa y después en Compliance a finales de 2007, cuando implementó el sistema de Anticorrupción de Siemens en México y de varios países de Centroamérica y el Caribe. Junto con estas tareas, obtuvo conocimientos valiosos sobre los programas de Compliance globales, con un enfoque en América Latina, donde realizó evaluaciones comparativas y mediciones de riesgos. Desde 2009, en su rol de Oficial de Compliance, ha desarrollado una carrera destacada y es ubicado a nivel internacional como uno de los promotores del Compliance en diversas ramas de la producción y los servicios.

Fue en dos ocasiones el Presidente de Honor de la Conferencia Latinoamericana de Cumplimiento Corporativo de Marcus Evans (2011 y 2012) en la Ciudad de México, ha sido panelista en diversos eventos, como la Cumbre de México de The Economist (2015). Cofundador del Foro de Ética y Cumplimiento. Editor y coautor del Manual de Ética y Cumplimiento (2014). En 2023 y '24, se desempeñó como copresidente del "Congreso Internacional MedicReS AI sobre Buenas Prácticas e Innovación en Inteligencia Artificial en Ciencias de la Salud".

Es autor de varios libros y artículos, entre ellos "Filosofía empresarial según Enzo Ferrari", "La ética empresarial del mañana: Philip K. Dick contra W. Edwards Deming" e "De Camino al Metaverso".

Actualmente es Cabeza de Gobernanza, Riesgo y Cumplimiento en una empresa líder en el sector de la ingeniería en Atlanta, Estados Unidos. Es el responsable de impulsar su sistema de Compliance a través del uso de tecnología. Estas tareas incluyen Resiliencia Empresarial y ESG. Además, él es Asesor Especial de Compliance para América Latina de Mitsubishi Heavy Industries Américas.

www.ingramcontent.com/pod-product-compliance
Lightning Source LLC
Chambersburg PA
CBHW031929240526
45464CB00023B/2879